Q Pootle 5 ™

Silbengeschichten aus dem All

Lesen lernen leicht gemacht:
Silbe für Silbe lesen

Die Geschichten in diesem Buch wurden für Leseanfänger geschrieben. Die Sätze sind kurz und in Fibelschrift. Außerdem wurden die einzelnen Sprechsilben der Wörter farblich unterschieden.

Kinder haben oft Angst vor langen, also mehrsilbigen Wörtern. Die unterschiedlich farbigen Silben machen das Lesen für die Kinder leichter, denn so können sie von Silbe zu Silbe lesen.
Das lange Wort ist in kleinere Einheiten geteilt. So meistern die Kinder auch lange Wörter und trauen sich diese zu.
Die farbigen Silben zeigen den Kindern gleich, welche Buchstaben sie zusammen lesen müssen. Dadurch verstehen sie die Bedeutung eines Wortes leichter und das Lesen wird flüssiger.
Und dank der den Text unterstreichenden Bilder wird das Lesenlernen zum spaßigen Erlebnis.

Inhalt

Die Figuren in diesem Buch tragen englische Namen.
So sprichst du sie richtig aus:

Pootle: *Putel*   Bud-D: *Baddi*

Oopsy: *Upsi*   Eddi: *Eddi*

Groobie: *Grubi*   Stella: *Stella*

Das Wettrennen

Heute ist ein

ganz besonderer Tag.

Alle freuen sich

auf das große Weltraumwettrennen.

Oopsy sagt:

„Ich bin die Einzige,

die noch nie gewonnen hat.

Aber heute werde ich

die Erste sein!"

„Ich wünsche dir viel Glück",
meint Pootle.
Er zieht die Schrauben
an seinem Raumschiff fest.
„Und vergiss nicht,
dein Triebwerk zu reparieren!"

Bald treffen sich
die Bewohner von Okidoki am Start.

Stella ist zuerst da.

Sie hat wie immer

ihren Vogel Krah dabei.

Als Nächstes

trifft Eddi ein.

Sein Raumschiff

hat zwei Hauben

für Eddis Köpfe.

Neben Eddi landet Pootle,
als Letzte stellt sich Oopsy auf.
„Schön, dass ihr
alle da seid!",
ruft Groobie.
Sein Roboter Bud-D
holt eine Tafel.

„Hier seht ihr die Flugstrecke",
sagt Groobie.
„Es geht zweimal
um Okidoki herum
und einmal
um den Streuselmond.
Dann flitzt ihr
um den Planeten Fred
und kehrt hierhin zurück."

Groobie steigt schnell

in sein Raumschiff.

„Startklar?", fragt Bud-D.

„Startklar!", rufen die Teilnehmer.

„Fertig – los!"

Bud-D senkt die Startflagge.

Alle heben vom Boden ab.

Das Rennen beginnt!

Die Freunde wirbeln durchs All.

Das macht Spaß!

Pootle jubelt:

„Ich bin in Führung!"

Doch da saust Oopsy vorbei.

Nun liegt sie ganz vorne.

Oje, die anderen holen auf!
Aber was ist das?
Oopsys Raumschiff qualmt!
Aus dem rechten Triebwerk
dringt dunkler Rauch.

Pootle fliegt schnell
neben seine Freundin.
„Du hast ein Leck im Triebwerk",
ruft er.
Das Triebwerk zieht
einen Feuerstrahl
hinter sich her.

Oopsy kann ihr Raumschiff
nicht mehr steuern!
Es überschlägt sich
und landet
auf dem Streuselmond.
Pootle folgt seiner Freundin.
Oopsy steckt kopfüber
in ihrem Raumschiff.
Pootle hilft ihr heraus.

„Danke", sagt Oopsy.

„So ein Pech!

Ich habe vergessen,

mein Triebwerk zu reparieren."

Sie seufzt.

„So kann ich nie gewinnen."

Pootle holt sein Abschleppseil.

„Gleich geht es weiter",

ruft er.

Inzwischen fliegen
die anderen Teilnehmer
an Planet Fred vorbei.
Sie steuern auf Okidoki zu.
Da überholt plötzlich
das Raumschiff von Pootle.
Es schleppt
Oopsys Raumschiff ab.

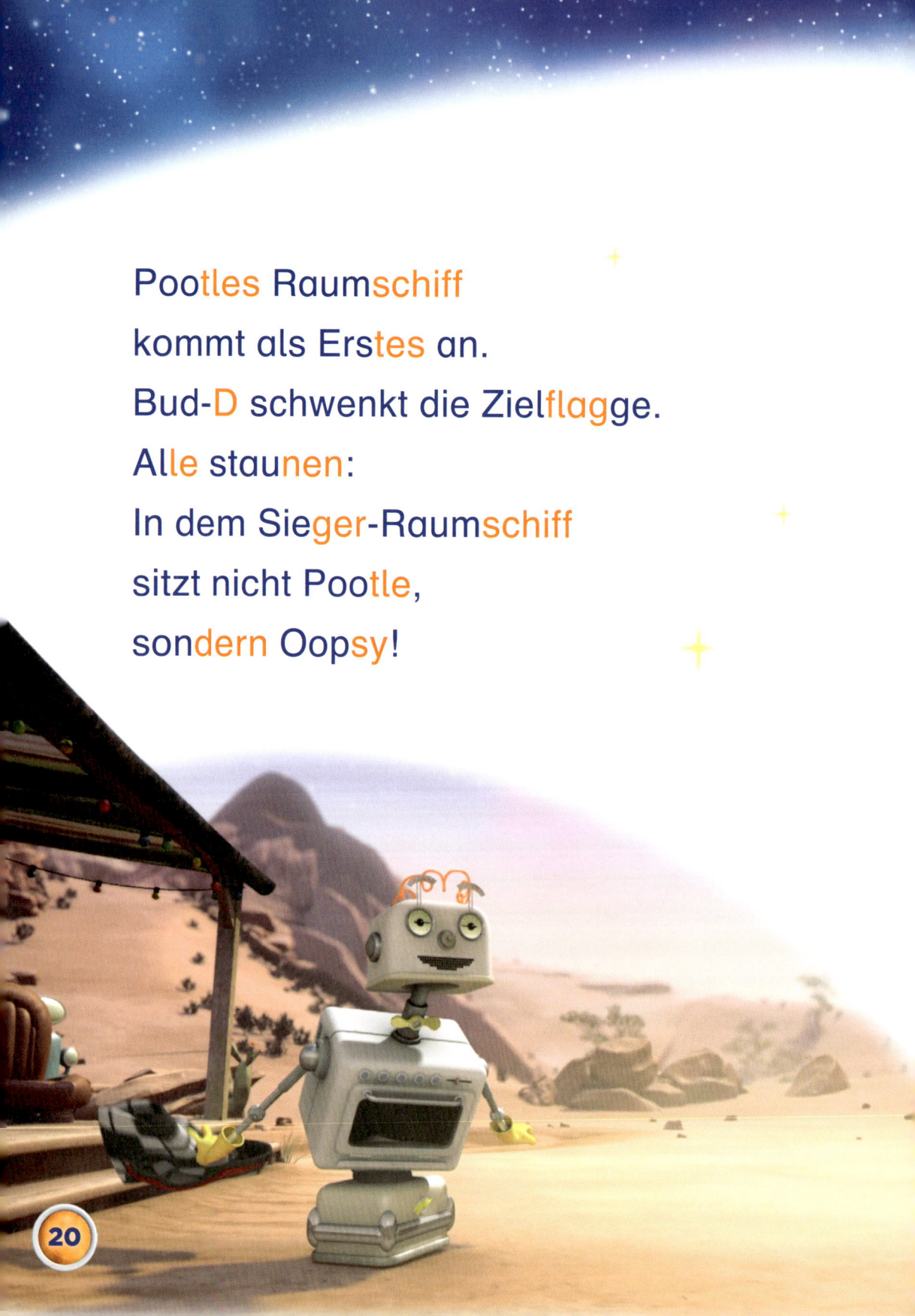

Pootles Raumschiff
kommt als Erstes an.
Bud-D schwenkt die Zielflagge.
Alle staunen:
In dem Sieger-Raumschiff
sitzt nicht Pootle,
sondern Oopsy!

20

Pootle steigt aus Oopsys Raumschiff.

Er hat mit ihr getauscht,

damit sie gewinnen kann.

Oopsy ruft:

„Danke, Pootle."

Er sagt:

„Das habe ich

doch gerne gemacht.

Dafür sind Freunde schließlich da!"

Ein seltsamer Baum

„Hallo Pootle!
Hallo Oopsy!",
ruft Eddi.
„Freut ihr euch
auch schon so
auf die Sternschnuppen
heute Abend?"
„Und wie!",
antwortet Pootle.

Oopsy sagt:
„Wir bringen Obst
zum Picknick mit.“
Eddi strahlt.
„Hoffentlich gibt es
frische Abendfrucht.
Also dann, bis später!“
Er saust davon.

Oopsy fragt:

„Wie schmeckt eine Abendfrucht?"

Pootle erwidert:

„Ich habe auch noch nie

eine solche Frucht gegessen.

Aber ich kenne

einen Abendfruchtbaum."

„Nichts wie hin!",

ruft Oopsy.

Kurz darauf landen die Freunde

auch schon im Wald.

Vor ihnen steht

der Abendfruchtbaum.

Er ist riesengroß.

In seiner Krone

hängen gelbe Früchte.

Nun tauchen
Stella und Krah auf.
Auch Stella möchte
Abendfrüchte pflücken.
Aber die Früchte hängen
viel zu weit oben.
Pootle holt eine alte Leiter
aus seinem Raumschiff.

Stella klettert hoch.

Doch die Leiter ist morsch!

Die Sprossen brechen durch.

Stella fällt auf den Boden.

Zum Glück hat sie

sich nicht wehgetan.

Pootle stellt sein Raumschiff
neben den Baum.
Er fährt schnell
die Raumschiff-Beine aus.
Die Raumkapsel schießt nach oben.
Pootle greift nach den Früchten.

Da geschieht etwas Seltsames:
Der Baum zieht
seine Zweige weg!
Pootle kann die Früchte
nicht berühren.
Der Baum streckt seine Äste
hoch in den Himmel.

„Nanu!", staunt Pootle.

Er lässt sein Raumschiff

wieder hinunter.

„Wisst ihr was?",

sagt Pootle.

„Die Abendfrüchte

möchten nicht gepflückt werden."

„Dann sammeln wir
eben anderes Obst",
meint Stella.
Bald haben sie
viele köstliche Früchte gepflückt.
„Schade, dass wir
keine Abendfrüchte mitbringen",
sagt Oopsy.

Pootle ruft:

„Wir müssen los!

Die Sonne geht schon unter."

Doch was ist das?

Auf einmal neigt

der Abendfruchtbaum

seine Äste zum Boden.

„Seht nur!", jubelt Oopsy.

„Jetzt können wir

die Früchte pflücken."

Pootle sagt:

„Nun verstehe ich

den Namen des Baums.

Er heißt so,

weil man seine Früchte

nur am Abend pflücken kann."

33

Die Freunde pflücken
einige Abendfrüchte ab.
Dann treffen sich alle
zum Picknick.
Eddi freut sich sehr
über die Früchte.
Sie schmecken köstlich.

Bald tauchen am Himmel
die ersten Sternschnuppen auf.
Die Freunde genießen
gemeinsam ihr Picknick
und schauen zu.
Was für ein schöner Abend!

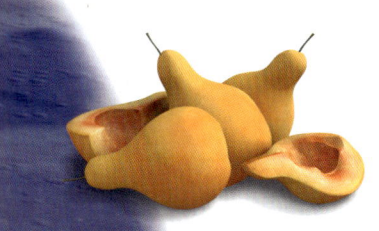

Pootles Hausgast

„Wo steckt denn nur Oopsy?"
Pootle fliegt herum
und sucht seine Freundin.
Aha! Oopsys Raumschiff
steht vor dem Baumhaus
von Stella.
Auch Pootle landet dort.

„Hallo Pootle!",

ruft Oopsy.

„Schau mal, ich renoviere

Stellas Haus!"

Pootle meint:

„Das ist aber nett von dir."

„Das finde ich auch."

Stella strahlt.

„Und es ist so lieb von dir,

dass Krah und ich

solange bei dir wohnen dürfen."

„Wie bitte?",

fragt Pootle.

„Bei mir?"

Stella nickt.

„Oopsy hat gesagt,

das macht dir nichts aus."

Pootle meint:

„Ja, aber ..."

Stella unterbricht ihn:

„Komm, hilf mir

mit meinem Koffer!"

„Na gut", antwortet Pootle.
„Ihr könnt bei mir wohnen."

Stella gefällt es
in Pootles Wohnmobil.
Bald wird es Abend.
Stella macht es sich
in Pootles Bett gemütlich.

Pootle legt sich
auf die Eckbank.
Aber Stellas Vogel Krah
schnarcht sehr laut.
Pootle kann nicht schlafen.
Er setzt sich
in sein Raumschiff.
Dort ist es wenigstens ruhig.

Morgens klopft Stella an.

„Guten Morgen, Pootle!",

ruft sie.

Pootle murmelt:

„Guten Morgen!"

Er ist hundemüde.

Plötzlich hat er eine Idee.

„Wisst ihr was?",
sagt er.
„Ich fliege zu Oopsy
und sehe nach,
ob sie Hilfe braucht."

Oje! In Stellas Baumhaus
ist alles voller Farbe!

„Hallo Pootle!",
ruft Oopsy.
„Sieh nur!
Ich habe aus Versehen
mit der Farbe gekleckert.
Was soll ich nur tun?"

Pootle meint:

„Ich helfe dir.

Und ich hole noch

ein paar Freunde dazu.“

Bald treffen auch schon

Eddi, Groobie

und Bud-D ein.

Die Freunde renovieren
das ganze Haus.
Groobie befestigt
die losen Bretter.
Eddi dichtet
die Leitungen ab.
Pootle und Oopsy
streichen die Wände.

Und Bud-D putzt den Boden.

Am Abend ist alles fertig.

„Vielen Dank",

ruft Oopsy.

„Ohne eure Hilfe

hätte ich das sicher

nie alles geschafft."

Eddi meint:
„Das haben wir
gern gemacht."
Nun fliegt Pootle los.
Er holt Stella und Krah.
Als Stella das Haus sieht,
strahlt sie.

„Toll!", ruft Stella.
„Danke, ihr Lieben!"
Pootle gähnt.
„Gern geschehen",
sagt er.
Jetzt freut er sich
auf eine ruhige Nacht
in seinem Bett!

Ein geheimnisvoller Fremder

Oopsy liebt es,

bunte Bilder zu malen.

Sie tunkt ihren Zeigefinger

in Fingerfarbe ein.

Dann drückt sie ihn

auf das Papier.

So entstehen

wunderschöne Blumen.

Nun taucht Pootle auf.

„Schau mal!",

ruft er.

„Ich habe eine neue Kamera."

Pootle fotografiert

seine Freundin

mit ihrem Lieblingsbild.

„Lass mich auch mal!",
sagt Oopsy.
Sie knipst Pootle.
Bald kommen noch
Eddi und Stella dazu.
Auch sie möchten
fotografiert werden.
Die Freunde haben
sehr viel Spaß.
Aber was ist das?

Auf den Fotos
ist ein Fremder zu sehen!
Er hat rosafarbene Haut,
eine weiße Nase
und schwarze Augen.
Niemand weiß,
wer der Fremde
auf den Bildern ist.

53

„Beim Fotografieren
habe ich ihn nicht gesehen",
sagt Oopsy.
Eddi ruft:
„Der Fremde kann noch nicht
weit gekommen sein.
Los, wir suchen ihn!"

Die Freunde suchen alles ab.
Aber sie finden keine Spur
von dem Fremden.
„Das ist seltsam",
stellt Oopsy fest.
„Vielleicht kann er sich ja
unsichtbar machen."

„Das glaube ich nicht",
meint Pootle.
Plötzlich raschelt es
hinter einem Busch.
„Das ist bestimmt
der geheimnisvolle Fremde",
flüstert Oopsy.

Doch es ist Groobie,

der Luftballons aufbläst.

„Ich wollte Oopsy

eine Freude machen",

sagt er.

„Sie mag Ballons doch so gerne."

Oopsy strahlt.

„Vielen Dank, Groobie."

Pootle seufzt.

„Nun wissen wir
immer noch nicht,
wer der Fremde ist."
Eddi meint:
„Was soll's!
Wahrscheinlich ist er
längst nicht mehr
in unserer Gegend."

Pootle gähnt.

„Lasst uns heimfliegen!",
schlägt er vor.

Aber Oopsy sagt:

„Ich möchte noch ein Foto
von euch allen machen."

Die Freunde stellen sich auf.

Auf einmal ruft Pootle:
„Halt, Oopsy!"
Er läuft zu ihr.
„Du hältst immer
einen Finger vor die Linse",
stellt er fest.
Pootle dreht Oopsys Hand um.

Er lacht.

„Hier seht ihr

den geheimnisvollen Fremden",

ruft Pootle.

Alle betrachten Oopsys Hand.

Nanu!

Auf ihrem Zeigefinger

leuchtet ein Gesicht

mit einer weißen Nase

und schwarzen Augen.

Die Freunde brechen
in lautes Gelächter aus.
„Oje!", sagt Oopsy.
„Das kommt davon,
wenn man sich
nach der Fingermalerei
nicht die Hände wäscht."

Nun macht sie

ein schönes Foto

von all ihren Freunden.

Und diesmal passt Oopsy auf,

dass ihr Finger

nicht vor die Linse rutscht!

Bud-D dreht durch

Hui! Pootle und Oopsy
sausen mit ihren Raumschiffen
durchs All.
Das macht Spaß!
Aber was ist das?
Plötzlich fliegen Socken,
Unterhosen und Fotos
an ihnen vorbei.

Die Freunde klappen
ihre Raumschiffe auf.
Sie sammeln alles ein.
„Ich glaube,
die Sachen gehören Groobie",
sagt Pootle.
„Komm, wir suchen ihn!"

Sie treffen Groobie
auf Planet Fred.
Pootle und Oopsy
geben ihm alles zurück.
„Danke", sagt Groobie.
„Ich habe meinen Koffer
nicht richtig geschlossen.
Da ist der Inhalt herausgefallen."

„Wo fliegst du denn hin?",
fragt Oopsy.
Groobie antwortet:
„Ich mache einen Tagesausflug.
Bud-D passt solange
auf mein Café auf."
Groobie steigt schnell
in sein Raumschiff
und hebt ab.

Pootle ruft:

„Komm, wir fliegen zu Bud-D!

Ich habe Lust

auf eine kühle Erfrischung."

„Gute Idee!",

sagt Oopsy.

Sie springt in ihr Raumschiff.

„Wer zuerst da ist!"

Die Freunde landen
genau gleichzeitig
vor Groobies Café.
„Hallo Bud-D!", ruft Pootle.
„Hast du alles im Griff?"
„Ja, ja", antwortet der Roboter.
„Groobie hat mir
Anweisungen gegeben."

Er zählt auf:

„Alles sauber halten.

Nichts überstürzen.

Sei bloß nicht zu laut!

Sei immer hilfsbereit!"

Bud-D lächelt.

„Das ist einfach!"

„Schön", meint Pootle.

„Kannst du uns bitte

zwei Sauselimos zubereiten?"

Bud-D mischt die Getränke.

Oje! Die Becher

rutschen ihm

aus den Händen.

Sie fliegen durch die Luft.

Dabei fließen die Getränke

über seinen Kopf.

Bud-D qualmt.

Die Drähte

auf seinem Kopf

beginnen zu glühen.

„Auweia!", ruft er.

„Alles sauber halten!"

Pootle meint:

„Ist doch nicht so schlimm.

Wir helfen dir beim Aufräumen."

Aber der Roboter
hört gar nicht zu.
„Tut mir leid",
ruft er.
„Das Café ist geschlossen."
Bud-D lässt
den Rollladen herunter.

Der Roboter setzt sich
eine Uniformmütze auf.
„Alles sauber halten!",
ruft er.
„Sei bloß nicht zu laut!
Sei immer hilfsbereit!"
Bud-D stürmt davon.
Er verteilt überall Strafzettel.

Pootle sagt zu ihm:
„Ich glaube,
die Getränke haben
deine Schaltkreise
durcheinandergebracht.
Wir müssen dich trocknen.
Und ich weiß auch schon
ganz genau, wie."

Die Freunde trocknen den Roboter
mit einem Ventilator
und zwei Föhnen.
Es klappt:
Bald ist Bud-D
wieder ganz der Alte!
„Nanu, wieso ist denn
das Café geschlossen?",
wundert er sich.

Der Roboter öffnet den Rollladen.

Er fragt:

„Wollt ihr etwas trinken?"

Die Freunde bestellen

neue Getränke.

Nun können sie endlich

ihre Erfrischung genießen!

Oopsys neue Frisur

„Schau mal, Pootle!"
Stella schiebt
ein rotes Gerät
vor sich her.
„Das ist mein neuer
Galaxo-Pflanzer 2 000."

„Kannst du bitte mal
den linken Griff festhalten?",
sagt Stella zu Pootle.
„Dann nehme ich
den rechten Griff."
Sie schaltet das Gerät an.
Hui! Der Pflanzer saust
durch den Garten.

Er zieht Pootle und Stella
hinter sich her.
Überall, wo sie entlangfahren,
wachsen Blumen.
„Das ist toll!",
ruft Pootle.
„Aber geht es
auch etwas langsamer?"

Das Pflanzgerät rast davon.

Es prallt gegen einen Baum

und kippt um.

Oje!

Der Pflanzer ist kaputt!

Pootle meint:

„Komm, wir bringen ihn

einfach zu Groobie!"

Groobie untersucht das Gerät.

„Das bekomme ich wieder hin",
verspricht er.

„Aber es wird
ein bisschen dauern."
Nun taucht Oopsy auf.

„Hallo!", ruft sie.
„Wie findet ihr
meine neue Frisur?"
Alle sind begeistert.
„Du siehst wunderschön aus",
sagt Pootle.
„Komm, das zeigen wir
Planet Fred!"

Kurz darauf landen
Pootle, Stella und Oopsy
auf dem Planeten.
„Was für eine hübsche Frisur!",
sagt Planet Fred zu Oopsy.
„Sie steht dir sehr gut."
„Danke." Oopsy strahlt.

Planet Fred seufzt.

„Ich würde auch gerne

mal anders aussehen."

Stella ruft:

„Du siehst doch reizend aus."

Aber der Planet

ist nicht zufrieden.

„Etwas Neues

wäre auch einmal schön",

sagt er.

Pootle überlegt.

„Vielleicht können wir dir helfen."

Planet Fred meint:

„Ich glaube, ein Schnurrbart

würde mir gut stehen."

Die Freunde machen sich

an die Arbeit.

Sie schleppen große Steine herbei
und legen sie
zwischen Mund und Nase
von Planet Fred.
Die Steine sehen aus
wie ein Schnurrbart!
Aber sie kitzeln den Planeten
an der Nase.

Planet Fred muss niesen.
Dabei fliegen die Steine weg.
„Schade", seufzt Pootle.
„Wir müssen uns
etwas anderes überlegen."
Die Freunde fliegen
zurück zu Groobie.

„Hallo!", ruft Groobie.

„Stellas Pflanzer ist wieder
vollkommen in Ordnung."

„Danke, Groobie",
sagt Stella.

Pootle leiht sich
den Pflanzer aus
und fliegt damit
zu Planet Fred.

Er pflanzt überall Blumen:

auf Freds Kopf,

über den Augen

und um den Mund herum.

„Du siehst toll aus,

Planet Fred",

ruft Pootle.

„Jetzt hole ich die anderen."

Stella, Oopsy, Eddi und Groobie
sind begeistert.
„Vielen Dank, Pootle",
sagt Planet Fred.
„Ich fühle mich
um Milliarden Jahre jünger."
Da müssen alle lachen.

Noch mehr Geschichten zum Lesenlernen:

King Julien:
Silbengeschichten
aus Madagaskar

ISBN 978-3-86318-401-8

Silbengeschichten
zum Mitraten:
Lustige Tierabenteuer

ISBN 978-3-86318-378-3

Yakari:
Indianerstarke
Silbengeschichten

ISBN 978-3-86318-377-6

Yakari:
Neue Abenteuer
zum Lesenlernen

ISBN 978-3-86318-216-8

Yakari:
Indianerabenteuer
für Erstleser

ISBN 978-3-86318-343-1

Yakari:
Indianergeschichten
für Erstleser

ISBN 978-3-86318-338-7

Die Schlümpfe:
Geschichten zum
Lesenlernen

ISBN 978-3-86318-193-2

Die Schlümpfe:
Schlumpfige Geschichten
für Erstleser

ISBN 978-3-86318-132-1

Die Schlümpfe:
Neues aus
Schlumpfhausen

ISBN 978-3-86318-344-8

Abenteuer Tiere:
Geschichten zum
Lesenlernen

ISBN 978-3-86318-375-2

Abenteuer Tiere:
Die besten Tiergeschichten
für Erstleser

ISBN 978-3-86318-217-5

Abenteuer Tiere:
Tiergeschichten
aus aller Welt

ISBN 978-3-86318-342-4

Der Kleine Prinz:
Geschichten für Erstleser

ISBN 978-3-86318-247-2

Der Kleine Prinz:
Eine spannende Planetenreise

ISBN 978-3-944107-03-5

Dinosaurier:
Spannende Dinosaurierabenteuer

ISBN 978-3-86318-347-9

Dinotrux:
Spannende Geschichten
für Erstleser

ISBN 978-3-86318-376-9

Dinotrux:
Coole Abenteuer
für Erstleser

ISBN 978-3-86318-400-1

King Julien:
Lustige Geschichten
für Erstleser

ISBN 978-3-86318-399-8